DIE REIHE
Archivbilder

ST. PÖLTEN

EIN WANDEL DURCH DIE ZEIT

Das Rathaus, Wahrzeichen der Stadt, zeigte sich 1909, nur wenige Jahre nach seiner letzten Instandsetzung, in makellosem Bauzustand. Die barocken Kamine wurden später entfernt.

DIE REIHE
Archivbilder

ST. PÖLTEN

EIN WANDEL DURCH DIE ZEIT

Thomas Karl

SUTTON
VERLAG

Sutton Verlag GmbH
Hochheimer Straße 59
99094 Erfurt
www.suttonverlag.at

ISBN 978-3-89702-641-4

Druck: CEWE Stiftung & Co. KGaA, Germering

Jakob Prandtauer, Daniel Gran und Bartolomeo Altomonte waren die Persönlichkeiten, die die Barockstadt St. Pölten prägten. Die Ansichtskarte war um 1900 im Umlauf.

Inhaltsverzeichnis

Die 1905 erschienene Karte, die – neben einer Rathausplatz-Ansicht – eben erst errichtete wichtige Gebäude der Stadt zeigt, ist ein typisches Beispiel der Ansichtskarten-Kitschkultur jener Zeit.

Einleitung

Seit der Erhebung St. Pöltens zur Landeshauptstadt von Niederösterreich im Jahr 1986 hat die stadtbezogene Literatur beträchtlichen Zuwachs erfahren. Die beiden von der Stadt herausgegebenen repräsentativen Bildbände „Augenblicke einer Stadt“ und „Urbane Horizonte“ (1991 und 2001) dokumentieren ebenso eindrucksvoll die Veränderungen in den letzten 18 Jahren wie der im NÖ Pressehaus erschienene, von Herbert Waldhauser und Hans Ströbitzer edierte St. Pölten-Band (1998) oder die Architekturdokumentation „St. Pölten neu“ von Otto Kapfinger und Michaela Steiner (1997). Ein repräsentativer kunstgeschichtlicher Führer durch St. Pöltens Altstadt (1993) bietet führerlosen Touristen das adäquate Rüstzeug bei der Erkundung des alten St. Pölten, und mit der 1999 fertig gestellten Österreichischen Kunsttopographie, Band St. Pölten, verfügen wir mittlerweile über das lang ersehnte Architektur- und Kunstinventar.

Trotz dieser Fülle an Schrifttum über St. Pölten, ergänzt durch eine Reihe weiterer Publikationen wie etwa die archäologischen Dokumentationen Peter Scherrers, wird immer wieder der Ruf nach der Publikation von Bilddokumenten des alten St. Pölten laut – und dies, obwohl die Zahl derartiger historischer St.-Pölten-Bildbände, in der Mehrzahl zusammengestellt von Karl Gutkas, nicht gerade gering ist. Den Bänden „St. Pölten in alten Ansichtskarten“ und „St. Pölten in alten Fotografien“, herausgegeben vom Verlag NÖ Pressehaus 1977 bzw. 1979, folgte 1983 der im Verlag Europäische Bibliothek Zaltbommel erschienene Band „St. Pölten in alten Ansichten“ und schließlich 1991 im Verlag Jugend und Volk die Publikation „Das alte St. Pölten“. Als letzter derartiger Band kam 1997 im Wiener Album Verlag das von mir edierte „St. Pölten Album 1870-1930“ auf den Markt.

Dem vor Ort existierenden historischen Bewusstsein Rechnung tragend, das sich auch im ständig steigenden Kreis der Sammler von „Hippolytana“ niederschlägt, hat sich der auf historische Bilddokumentationen spezialisierte Sutton Verlag mit dem Wunsch an mich gewandt, für St. Pölten einen Band zur Reihe „Archivbilder“ zu erstellen, in der andere Städte wie Enns oder Linz bereits aufscheinen. Schwerpunkt der Darstellung ist die Zeit von etwa 1890 bis 1945 mit vereinzelten kurzen Rückblicken auf die Zeit zuvor und einem Ausblick auf die unmittelbare Nachkriegszeit bis etwa 1960. Gemäß der thematischen Zielsetzung wird die Geschichte der Stadt in diesem Zeitraum unter den verschiedensten Gesichtspunkten fotografisch beleuchtet.

Auch vor dem Hintergrund des ältesten überlieferten österreichischen Stadtrechts und einer mehr als vier Jahrhunderte währenden Vergangenheit als landesfürstliche Stadt hatte St. Pölten am Ende der Biedermeierzeit lediglich 5.500 Einwohner, woraus sich erklärt, dass die Anfänge der Fotografie hier weniger weit zurückreichen als etwa in Linz, wo dem Museumsverein bereits 1839 erste Fotografien übergeben worden sein sollen, nämlich erst ab den 50er-Jahren des 19. Jahrhunderts. Das war gerade die Zeit, als mit der Entfernung der letzten Reste der Stadtmauer und dem Anschluss an die große Welt durch den Bau der Kaiserin-Elisabeth-Westbahn die entscheidenden Schritte für die künftige Erweiterung der Stadt gesetzt wurden. Die älteste im Stadtarchiv verwahrte Fotografie ist ein Porträt aus dem Jahr 1857, dem schon ein Jahr später eine Gruppenaufnahme der St. Pöltner Eisschützengesellschaft folgt. Die erste Gebäudedokumentation geht auf das Jahr 1862 zurück.

St. Pölten entwickelte sich in der zweiten Hälfte des 19. Jahrhunderts sukzessive zum zentralen Ort für das südwestliche Niederösterreich und erhielt verschiedene Einrichtungen eines Bezirksmittelpunktes wie eine Bezirkshauptmannschaft, ein Bezirks- und Kreisgericht und einige höhere Schulen. Die Einwohnerzahl hatte sich zwar zwischen 1850 und 1880 nahezu verdoppelt und lag nun bei 10.000, dennoch betrug die Ausdehnung der Stadt lediglich ein Zehntel der heutigen Fläche von 106 Quadratkilometern. Dies erklärt, warum der Fundus an Aufnahmen gerade vor 1900 relativ klein ist, sodass keiner der oben genannten Fotobände bei der historischen Dokumentation dieser Epoche an gewissen Foto-Highlights vorbeigehen konnte, und auch im vorliegenden Band haben sie Eingang gefunden.

Unter den für die Ausstellung „Fotografie und Fotografen in St. Pölten“ 1984 im Stadtmuseum von Helmut Dorfner und Peter Kopecky erhobenen 50 historischen Fotografen sind in diesem Band immerhin 22 vertreten, unter denen „pars pro toto“ Vinzenz Höfinger sen., Emil Spora und Museumskustos Friedrich Imbery hervorgehoben werden sollen. Darüber hinaus erwartet den Leser unter dem großteils aus dem Stadtarchiv, aber auch aus Privatbesitz stammenden Material freilich auch eine Reihe noch unpublizierter oder an schwer zugänglicher Stelle veröffentlichter Aufnahmen, die mithelfen sollen, ein buntes Bild der darzustellenden Epoche zu vermitteln. Dabei kommt der Alltagsgeschichte, entsprechend dem „Archivbilder“-Konzept, eine besondere Rolle zu.

Ich danke dem Verlag für seine Initiative, die historisch interessierten Menschen den Zugang zu neuem alten Bildmaterial erschließt, und ich danke allen, die zum Entstehen dieses Bandes beigetragen haben, namentlich Peter Kopecky für Lektorat und Korrekturen sowie Franz Forstner für EDV-technischen Support. Aus der gemeinsamen Zielsetzung verschiedener Personengruppen ist ein Dokumentationsband für ein breit gefächertes Publikum entstanden, zu dessen Lektüre ich gute Unterhaltung wünsche.

Thomas Karl

Lithografien aus dem 19. Jahrhundert waren die Vorlage für die um 1900 erschienene Ansichtskarte. Sie zeichnete ein Bild des alten St. Pölten, wie es schon damals längst nicht mehr existierte.

1
Stadt im Wandel

Wie viele andere Städte in Österreich war auch St. Pölten seit der Mitte des 19. Jahrhunderts einem massiven Wandel unterzogen. Mit der Schleifung der Stadtmauer und der Stadttore in der ersten Hälfte des 19. Jahrhunderts konnte die Stadt, die noch 1813 lediglich 4.200 Einwohner zählte, erstmals aus ihrer Beengtheit ausbrechen. Weitere Impulse lieferten die beginnende Industrialisierung, der Westbahnbau und nicht zuletzt die durch die Ereignisse des Jahres 1848 bedingten verwaltungsmäßigen Umwälzungen. 1890 zählte die Stadt bereits 10.900 Einwohner. Die großen Betriebsansiedlungen von Voith und Glanzstoff und die Errichtung der ÖBB-Werkstätten führten schließlich zu einer neuerlichen Verdoppelung der Einwohnerzahl bis zum Jahr 1910. Prägten bis etwa 1905 vor allem Gründerzeitbauten die bauliche Entwicklung der Stadt, so stand von nun an vor allem der Wohnbau im Vordergrund des baulichen Geschehens. Hier ist vor allem auf die architektonisch bedeutsamen Wohnbauschöpfungen Rudolf Wondraceks in der Zwischenkriegszeit zu verweisen. Durch die Eingemeindungswellen in den Jahren 1922 – damals erhielt St. Pölten auch ein eigenes Statut – und 1939 wuchs die Stadt auf 36.000 Einwohner an. Im April 1945 durch Bombenangriffe schwer in Mitleidenschaft gezogen, galten die Bemühungen der kommenden Jahrzehnte dem Wiederaufbau der Stadt.

Das zweite Wiener Tor, 1810 an Stelle des ursprünglichen Tors als Nachtwächtertor im klassizistischen Stil errichtet, verschwand 1887, drei Jahre nach der Aufnahme, als letztes der Stadttore aus dem Stadtbild.

Die Aufnahme aus dem Jahr 1909 zeigt den Alttrakt des Hotels Pittner in der Kremser Gasse, dessen Fassade längst nicht mehr bestehende Fresken Prof. Sedinas mit Szenen aus der Stadtgeschichte zieren.

Das 1898 begonnene Hotelneubauprojekt von Franz Pittner – hier die erste Ausbaustufe auf einer Lithografie von 1899 – blieb infolge des Ausbruchs des Ersten Weltkriegs letztlich ein Torso.

Firmeneigenes Notgeld des Hotels Pittner aus der Zeit nach dem Ersten Weltkrieg gibt den Gesamtkomplex des Hotels nach der letzten verwirklichten Ausbauphase wieder.

Die um 1900 erschienene Ansichtskarte zeigt das ehemalige „Hotel Bahnhof" am Bahnhofplatz.

Die Aufnahme des ehemaligen Kreisgerichts an der Hofstatt entstand um 1900. An seiner Stelle wurde 1908 die heutige Bezirkshauptmannschaft errichtet.

Der alte „Bischofsteich“ an der Hofstatt, Teil des ehemaligen Stadtgrabens, diente zur Gewinnung von Eis für das Chorherrenstift. In Eiskellern aufbewahrt, wurde es im Sommer zur Kühlung von Lebensmitteln verwendet. Das Foto stammt von 1899.

Um 1900 entstand die Aufnahme, die den Innenhof des alten Kreisgerichts abbildet.

Die Fotografie von 1908 zeigt die eben fertig gestellte neue Bezirkshauptmannschaft mit dem nunmehr regulierten Bischofsteich.

Der Fotograf, der um 1900 den Gesamtkomplex des ehemaligen Chorherrenstifts, des heutigen Bistumsgebäudes, im Bild festhielt, positionierte seine Kamera im Neubau des Hotels Pittner.

Das ehemalige Wohnhaus Jakob Prandtauers, von ihm selbst vor 1700 errichtet, wurde 1865 zu einem bischöflichen Taubstummeninstitut adaptiert. Die Aufnahme entstand 1890.

Die Ansicht des eingerüsteten Doms aus dem Jahr 1932 mag den St. Pöltnern nicht unvertraut sein, wurden sie doch im Jahr 2003 Augenzeugen der jüngsten Restaurierung.

Ein Jahr nach dem Entstehen des Bildes aus dem Jahr 1898 wurde die Fassade des Instituts der Englischen Fräulein um drei weitere Achsen nach Osten erweitert.

Der vor 1900 noch unverrohrte Ledererbach in der Lederergasse neben der ehemaligen Pock'schen Lederfabrik trat bei starken Regengüssen wiederholt über die Ufer.

Im ehemaligen Palais Seitz von Seitzenburg aus dem 18. Jahrhundert befand sich vor 1900 das Herrenhaus der Lederfabrik Friedrich Pock Witwe.

Die 1912/13 errichtete Synagoge, in der „Reichskristallnacht“ des Jahres 1938 im Inneren zerstört, erlebte ihre Revitalisierung in den Jahren 1980 bis 1984. Sie zählt zu den wichtigsten Denkmälern ihrer Art in Österreich.

An der Stelle der heutigen Synagoge stand in den Jahren 1885 bis 1912 ein erster jüdischer Tempel der im Jahr 1863 gegründeten Kultusgemeinde St. Pölten.

Die Heßstraße mutete im Jahr 1890 noch völlig ländlich an. Die im Hintergrund auszunehmenden Schwibbögen sind mit moderneren Bauweisen aus dem Stadtbild verschwunden.

Nur zwölf Jahre später präsentierte sich dieselbe Straße nach der Regulierung im Jahre 1900 in völlig verändertem, bereits städtischem Flair.

Das ehemalige Wohnhaus der Baumeisterfamilie Munggenast in der Domgasse – hier in einer Ansicht aus dem Jahr 1894 – wurde 1901 demoliert.

In den Jahren 1937 bis 1939 aus dem Stadtbild verschwunden sind das ehemalige Siechenhaus, der Barbarafriedhof und die Barbarakapelle auf dem heutigen Europaplatz, hier zu sehen auf einem Foto von 1930.

Die Vorgängerbauten des heutigen Großkaufhauses Leiner und das noch nicht aufgestockte Stadttheater – das heutige NÖ Landestheater – sind sind der älteren Generation in der Gestalt der Abbildung aus dem Jahre 1950 noch in Erinnerung.

Fast idyllisch mutet die Ansicht der Hofstatt von 1930 an. Zu Beginn der 60er-Jahre mussten die beiden Barockbauten rechts mit ihren pittoresken Grabendächern, darunter ein von Jakob Prandtauer erbautes Haus, architektonisch unbedeutenden Neubauten weichen.

Die architektonisch bemerkenswerte Jugendstilkapelle der zwischen 1902 und 1904 ursprünglich als NÖ Landesaltenheim errichteten Anlage in der Trautsonstraße wurde 1927 bis 1930 baulich verändert.

Jugendstil vom Feinsten zeigt der Entwurf Joseph Maria Olbrichs für das 1899 errichtete Stöhr-Haus in der Kremser Gasse, den man heute im Stadtmuseum findet.

Das Bild von 1904 zeigt den neu angelegten Voelklplatz mit dem eben vollendeten Kreisgericht sowie das Gebäude der k.k. privilegierten Schützenkompanie, heute Stadtsäle, errichtet 1882 (Festsaal) bzw. 1895 (Haupttrakt).

Im Zuge der großen Betriebsansiedlungen nach 1900 entstanden am Stadtrand große Wohnsiedlungen wie die 1904 fertig gestellten Personal-Wohnhäuser der k.k. Staatsbahnen in der Passauer Straße, hier auf einem Foto von 1906.

Am Schießstattring und wie hier am Schulring entstanden um 1900 repräsentative Bauten des Historismus und des Jugendstils.

Im Jahre 1930 entstand das Foto der eben vollendeten Wohnhausanlage Rudolf Wondraceks in der Handel-Mazzetti-Straße, ein Musterbeispiel für die Wohnbauarchitektur jener Zeit.

In den Jahren 1914 und 1924/25 ließ die Glanzstoff-Fabrik AG im Nordwesten der Stadt die Kupferbrunnsiedlung, einen Meilenstein im Siedlungsbau der Stadt, errichten.

Der Norden St. Pöltens konnte lange Zeit mit der Wohnbauentwicklung der übrigen Stadt nicht mithalten. Erst ab 1955 wurden die letzten Holzbaracken aus dem Ersten Weltkrieg durch zeitgemäße Wohnbauten ersetzt.

Schwer beschädigt wurde die Stadt St. Pölten durch die Bombenangriffe am 1. und 2. April 1945. Insbesondere die Bahnhofregion, wie hier die Brunngasse, war massiv betroffen.

Das Foto des Bahnhofs vom April 1945 zeigt eindrucksvoll das volle Ausmaß der kriegsbedingten Zerstörungen.

Der 1945 völlig zerstörte Bahnhofbereich ist hier von Westen zu sehen.

Im Bereich der bombenzerstörten Umgebung des Bahnhofs entstand 1959 mit der Wohnhausanlage in der Khittelstraße das erste Hochhaus St. Pöltens, das eine neue Entwicklung im Wohnbau einleitete.

2

Alltag und Festtag

Wie kein vergleichbarer Zeitabschnitt zuvor hat das 20. Jahrhundert das Leben der Menschen radikal verändert. Errungenschaft über Errungenschaft, Industrialisierung, Technisierung und anderes mehr haben das Lebenstempo allerorts beschleunigt, im Gefolge aber auch viele bislang unbekannte Probleme mit sich gebracht. Diese Veränderungen machten vor dem Alltag nicht Halt. Die Fuhrwerke, die um die Jahrhundertwende und noch in den beiden folgenden Jahrzehnten das Bild der St. Pöltner Straßen bestimmten, wurden sukzessive vom Autoverkehr verdrängt. Alte Mautschranken verschwanden ebenso aus dem Stadtbild wie die Berufstypen des Dienstmannes, Bandlkramers oder Gaslaternenanzünders, andere wiederum, etwa im Bereich der weiterhin existierenden Märkte, haben sich in veränderter Form bis heute gehalten. Der mobile Eisverkäufer galt als Attraktion im bescheidenen Leben des einfachen Volkes, und sein Erscheinen ließ so etwas wie Festtagsstimmung aufkommen. Auf der anderen Seite stellten offizielle Feste, im Nachleben alter Barocktraditionen, Feierlichkeiten unserer heutigen Zeit oft in den Schatten.

1907 war die Kremser Gasse noch von Gehsteigen gesäumt. Sie diente als Hauptverkehrsstraße, damals allerdings noch vorwiegend für Fuhrwerke.

Der Wochenmarkt am Rathausplatz, hier kurz nach 1900, wurde nach jahrhundertelangem Bestehen wenig später auf den Domplatz verlegt.

So wie im Jahr 1929 präsentiert sich der Wochenmarkt am Domplatz – von den Zubringerfuhrwerken abgesehen – dem Besucher auch heute.

Nach der Verlegung des Wochenmarktes auf den Domplatz nach 1900 fanden am Rathausplatz weiterhin Sondermärkte statt, wie hier ein Jahrmarkt im Jahr 1916.

Der „tägliche Markt“, hier zu sehen auf einem Foto von 1890, fand seit spätestens 1330 auf dem Herrenplatz statt, eine Tradition, die sich in reduzierter Form bis heute gehalten hat.

Längst aus dem Stadtbild verschwunden ist der Obst- und Zuckerlkiosk am Neugebäudeplatz, hier auf einem Foto von 1905.

In unmittelbarer Nähe des Zuckerlkiosks, am Mühlbach bei der ehemaligen Schreck-Mühle, befand sich um 1900 eine frequentierte Wäscheschwemme.

Fast schon zum Alltag gehörte bei Aufgrabungsarbeiten am Domplatz, wie hier um 1900, die Begegnung mit dem Tod, befand sich doch an dieser Stelle ursprünglich der städtische Friedhof.

Das Bild von St. Pöltens Straßen bestimmten bis zur Jahrhundertwende, wie auf dieser Ansichtskarte des Mautschrankens am Neugebäudeplatz, vorwiegend Fuhrwerke.

Vom „täglichen Markt“ am Herrenplatz zweigt nach Norden die Herrengasse ab, wo sich im Mittelalter der „Milchmarkt“ und um die Jahrhundertwende der „Kräutermarkt“ befanden.

Die Aufnahme einer Landbrotverkäuferin am „täglichen Markt“ stammt aus dem Jahre 1902.

Den Menschen von heute sind sie bestenfalls durch den Film mit Hans Moser und Paul Hörbiger ein Begriff: Dienstmänner am Bahnhofplatz im Jahre 1912.

„Der Würstlsepperl" Josef Unfried mit seinem Würstelstand am Herrenplatz wurde im Jahre 1906 fotografiert.

Mit der Stilllegung der letzten Straßenbahnlinie 1976 ist ein Berufszweig zumindest in St. Pölten ausgestorben: der Tramwayschienenreiniger, hier am Bahnhofplatz 1911.

Schon bald der Vergangenheit angehören sollte der Beruf des Laternenanzünders, hier auf einem Foto von 1902, wurde doch bereits ein Jahr später die Elektrizität eingeführt.

Heute vielleicht exotisch anmutend, gehörte der Scherenschleifer, hier auf einem Foto aus der Katastralgemeinde Viehofen, noch in der Zwischenkriegszeit zum Bild des Alltags.

Eisgewinnung für die Eiskeller der Gasthäuser, wie hier am Hammerparkteich im Jahre 1905, war im Winter eine wichtige Tätigkeit.

Noch wichtiger als die Eisgewinnung im Winter war zumindest den Kindern der Eiserwerb im Sommer, der, wie hier im Jahre 1925 in der Kranzbichlerstraße, den Tag zum Festtag machte.

Domplatz, 1903: Zu den ganz großen Festtagen im Leben eines Kindes gehörte die Firmung, bei der ein Luftballon so manches Kinderherz erfreute.

Alltag und zugleich Festtag war das Spielen der Kinder am Nadelbach nahe der Grillparzerschule.

Noch in den späten 50er-Jahren gehörte das Aufstellen des „Sonnwendhansls", hier in Spatzern, zu den selbstverständlichen Bräuchen in der Stadt.

Festzüge übten seit jeher eine große Faszination aus, so auch jener des St. Pöltner Schützenvereins anlässlich der Eröffnung der Schießstätte im Hammerpark 1906.

Am Pfingstmontag 1912 veranstalteten Burschenschafter im Rahmen einer Studententagung einen festlichen Umzug durch die Stadt.

Anlässlich der Feier zum 200. Todestag von Jakob Prandtauer 1926 wurde an der Nordwand des Kreuzgangs im Bistumsgebäude eine Gedenktafel für den großen Sohn St. Pöltens angebracht.

In der Domgasse wurde der Fronleichnamsumzug des Jahres 1900 im Bild festgehalten.

Zu den großen feierlichen Ereignissen der Zwischenkriegszeit gehörten die Inthronisierungsfeierlichkeiten für Bischof Michael Memelauer im Jahre 1927.

32 Jahre später nahm Bischof Memelauer neben Bundeskanzler Raab, Bundespräsident Schärf und Landeshauptmann Steinböck am großen Jubiläum zur 800-Jahr-Feier der Stadt auf dem Rathausplatz teil.

3

Die Handels-, Gewerbe- und Industriestadt

Im letzten Drittel des 19. Jahrhunderts entstanden in St. Pölten und seiner unmittelbaren Umgebung eine Fülle neuer zukunftsweisender Betriebe. Zu verweisen ist hier etwa auf die Weicheisengießerei Gasser auf dem Areal der alten josephinischen Kattunmanufaktur südlich der Altstadt, auf die 1887 gegründete Kerzen- und Seifenfabrik Benker am Neugebäudeplatz, die Schüller-Fabrik im Norden der Stadt oder die Fabriksgründungen entlang des Mühlbachs in Harland, Stattersdorf oder Wagram. Ebenso war die Trennung von Handel und Gewerbe ein Charakteristikum jener Tage. Sie führte zur Gründung von Geschäftslokalen in den Hauptstraßen, zur Auflassung von Jahrmarkt und Pflastermaut und zum Untergang manch alteingesessenen Gewerbes. Die große Bedeutung des Handels kam auch im 1883 gegründeten kaufmännischen Verein, einer Genossenschaft protokollierter Kaufleute, zum Ausdruck. Den entscheidenden Schritt der Entwicklung St. Pöltens zur Industriestadt setzte zu Beginn des 20. Jahrhunderts der liberale Bürgermeister Wilhelm Voelkl, der mit dem Bau des Elektrizitätswerkes die Ansiedlung großer Industriebetriebe wie der Maschinenfabrik Voith, der Ersten Österreichischen Glanzstofffabrik oder der Hauptwerkstätte der Staatsbahnen erst ermöglichte, was die Einwohnerzahl St. Pöltens innerhalb von zehn Jahren von 14.000 auf 21.000 ansteigen ließ.

Zu den bedeutendsten Kaufhäusern der Stadt gehörte einst das Kaufhaus Kienzl am Riemerplatz, hier mit gesamter Belegschaft auf einer Aufnahme aus den 20er-Jahren.

Ein Rauchfangkehrer aus Pappe war in der Zwischenkriegszeit das Neujahrswerbegeschenk der Drogerie und Parfümerie Ruzicka.

Die Drogerie Przerovsky „Zum St. Georg“ befand sich in der Kremser Gasse, zu sehen hier auf einem Foto der Zwischenkriegszeit.

An der Stelle des 1899 errichteten Stöhr-Hauses in der Kremser Gasse befand sich ursprünglich ein ebenerdiger Bau mit einem Frisörgeschäft und einer Verkaufsniederlassung der Seifen- und Kerzenfabrik Benker.

Ebenfalls in der Kremser Gasse befand sich um 1925 das Frisörgeschäft Heinrich Gelb.

Die im Obergeschoss fortgesetzten Auslagen des 1900 von Carl Brustmann errichteten Kaufhauses Kremser Gasse 19 sind Anleihen von den großen Wiener Kaufhäusern; die Ansichtskarte datiert von 1904.

Weit weniger großstädtisch als in der Kremser Gasse ging es in den St. Pöltner Stadtteilen zu, wie etwa auf diesem Foto aus Spratzern aus der Zwischenkriegszeit.

Für die Nahversorgung der Spratzerner empfahl sich die Gemischtwarenhandlung Tatschl, hier im Jahre 1937.

Eine Spezialität der Gemischtwarenhandlung Tatschl war der Streichkäse, der jahrzehntelang, wie hier im Jahre 1939, an Geschäfte von St. Pölten bis Krems ausgeliefert wurde.

Als erste große Betriebsgründung nach der Jahrhundertwende entstand 1903 die J.M. Voith Maschinenfabrik, die 1913 bereits 700 Personen beschäftigte; hier auf einer Ansichtskarte von 1905.

Inneres der Maschinenfabrik J.M. Voith im Jahre 1930: Die Francis-Spiralturbine war für ein Kraftwerk in der Steiermark bestimmt.

Der Bau der Ersten österreichischen Glanzstoff-Fabrik in der Herzogenburger Straße im Jahre 1905 schuf weitere Arbeitsplätze.

1929 tätigte die Erste österreichische Glanzstoff-Fabrik eine große maschinelle Investition.

Zwischen 1904 und 1907 entstand im Südwesten der Stadt der dritte große Industriebetrieb des frühen 20. Jahrhunderts, die Werkstätte der k.k. Staatsbahnen, hier auf einer Ansichtskarte um 1915.

1922 wurde Viehofen Stadtteil von St. Pölten. Hier befand sich seit 1867 eine Spitzenfabrik, in deren Anlagen zuvor Spiegel fabriziert worden waren. Die Aufnahme stammt von 1902. Um 1930 zwang die Weltwirtschaftskrise das Unternehmen zur Einstellung des Betriebs.

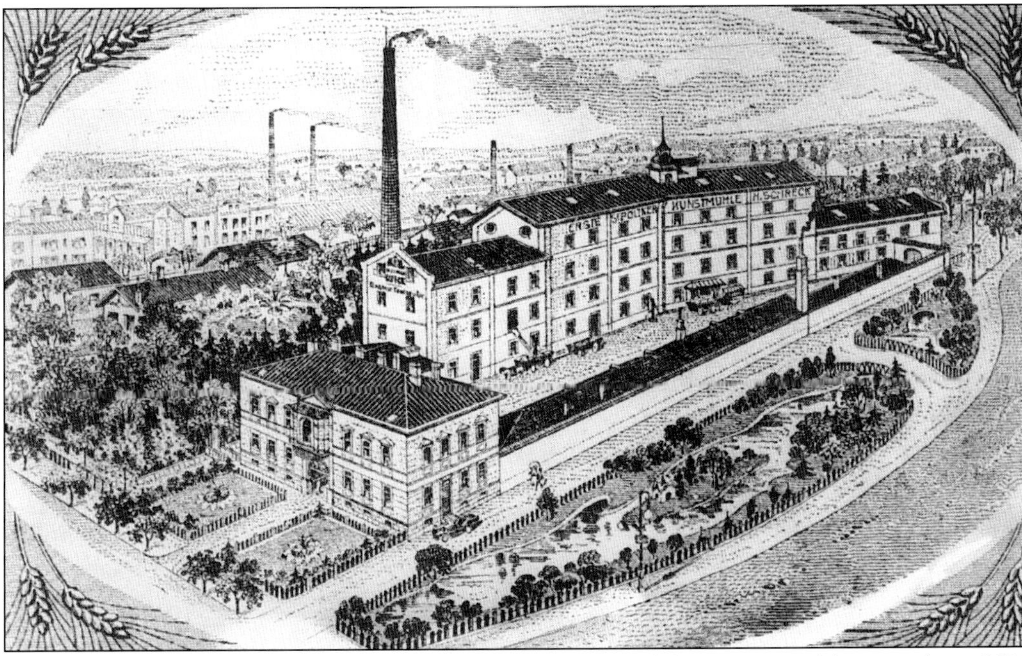

Nahe dem Neugebäudeplatz befand sich seit dem Mittelalter eine Mühle, zwischen 1624 und 1626 vorübergehend auch Standort einer kaiserlichen Münzstätte. 1910, als die Lithografie entstand, war sie im Besitz von Hermann Schreck, heute existiert sie nicht mehr.

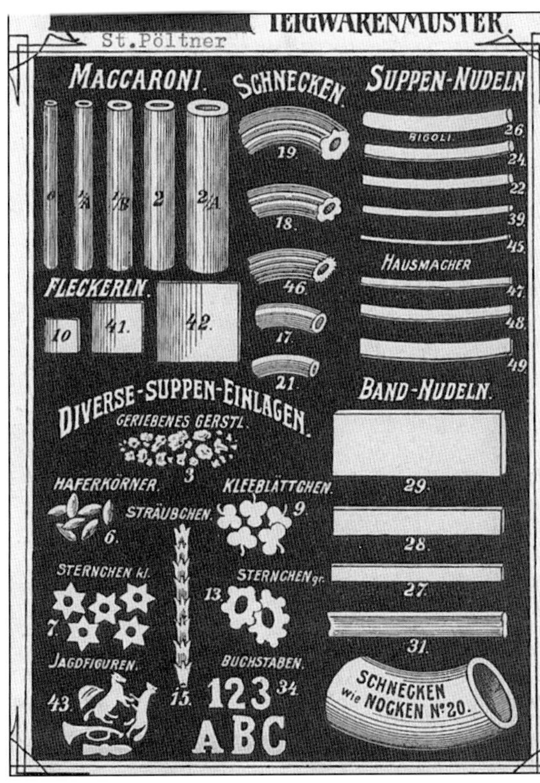

Neben seiner Mühle führte Hermann Schreck am Mühlweg eine Teigwarenfabrik, deren Erzeugnisse die aus dem Jahre 1907 stammende Musterkarte vorstellt.

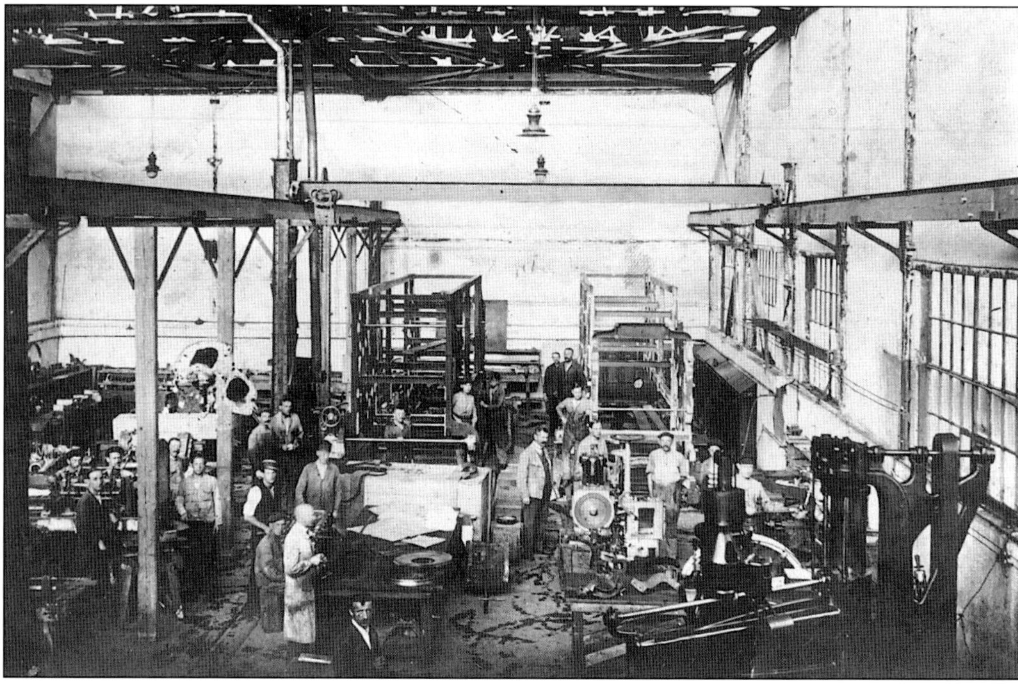

Im Ersten Weltkrieg wurde nach dem Kriegseintritt Italiens die Produktion von Torpedos von Fiume nach St. Pölten verlegt. Die Whitehead & Co. AG entstand auf dem nördlichen Teil des Areals der Glanzstoff-Fabrik.

Die Belegschaft der Torpedofabrik Whitehead & Co. AG, die sich im Jahre 1916 dem Fotografen stellte, bestand überwiegend aus italienischen Arbeitern.

Unweit der Torpedofabrik befand sich am Mühlweg seit 1860 eine Strick- und Strumpfwarenfabrik, die seit 1899 Maximilian Schüller gehörte. Zu ihren Spezialitäten zählte das „St. Pöltner Radfahrer-Strickgarn“.

Das 1902 für Franz List als Magermilchbäckerei errichtete Gebäude im heutigen Stadtteil Pottenbrunn zählt zu den schönsten Industriebauten des Sezessionismus in St. Pölten.

Seit dem Jahr 1905 erzeugte man im Standard-Werk Viehofen der Firma Steinfeld & Co. vor allem Haushalts- und Küchenmaschinen, hier beworben auf einem Werbeaufsteller aus den 50er-Jahren.

4
Gastliches St. Pölten

Obwohl das gastronomische Angebot der jungen Landeshauptstadt gerade in den letzten Jahren eine Renaissance erlebt, trauert manch alteingesessener St. Pöltner der „guten alten Zeit“ nach, in der die Innenstadt von bodenständigen Gasthäusern übersät war, in der mehr als ein Kaffeehaus zum eleganten Billard lud und Geselligkeit allerorts noch gang und gäbe war. Viele denken auch zurück an die große Zeit des Hotels Pittner, Treffpunkt der St. Pöltner und Wiener Society, dem kein Luxus fremd war, und so mancher erinnert sich noch an heute längst nicht mehr bestehende Ausflugsgasthäuser in der unmittelbaren Umgebung der Stadt.

Mit der Ansichtskarte aus dem Jahr 1909 „Prosit aus St. Pölten“ warb man für das gastliche St. Pölten.

Viele der alten Gasthäuser sind längst aus dem Stadtbild verschwunden, so auch das Café Ruthner am Herrenplatz, hier auf einem Foto von 1898, das 1913 durch einen Neubau Hubert Gessners ersetzt wurde.

Das Nachfolgelokal des Cafés Ruthner, das bis 1955 existierende Dom-Café, stellte sich mit einer von Jugendstilarchitekt Hans Ofner gestalteten Werbeeinschaltung dem Publikum vor.

Bürgerschuldirektor Räuscher und Kaufmann Karl Wöss beim Billard im alten Café Ruthner, um 1910.

Das Innere des Dom-Cafés im Jahre 1914.

Das Grandhotel Pittner hatte für jeden Geschmack etwas zu bieten. Die Ansichtskarte, auf der der Hotelier sein Kellerstüberl abbilden ließ, entstand um 1910.

Im Kontrast dazu stand der 1913 zu einem Kino umgebaute „Kaisersaal“ im Hotel Pittner, hier auf einem Foto um 1900.

Franz Pittner war der bedeutendste St. Pöltner Hotelier der Zeit um 1900.

Entsprechend dem Ruf des Hauses gestaltet waren auch die Speisen- und Weinkarten des Hotels, die so ziemlich alles aufzubieten hatten, was das Herz begehrte.

Weitaus zünftiger ging es in den Gaststuben der Stadt zu, wie hier im „Saustüberl" des Gasthauses Fink am Rathausplatz um die Jahrhundertwende.

Bis in die 70er-Jahre bestand das ehemalige Brauereigasthaus in der Klostergasse, das in Anlehnung an das von Josef Bayer in St. Pölten komponierte berühmte Ballett um 1900 den Namen „Zur Puppenfee" führte.

Neben den Brauereien in der Klostergasse und in der Franziskanergasse befand sich bis zum Jahre 1798 eine weitere Brauerei im 1726 errichteten Barockgebäude Fuhrmannsgasse 14. Die Aufnahme stammt von 1919.

Die am längsten (1593-1931) durchgehend bestehende und gleichzeitig größte Brauerei der Stadt war jene in der Franziskanergasse. Das angeschlossene Gasthaus, hier auf einem Foto von 1941, existierte noch bis 1945.

Nicht nur im Dom-Café, sondern auch andernorts, wie hier 1926 im Parkcafé am Bahnhofplatz, erfreute sich das Billard in den ersten Jahrzehnten des 20. Jahrhunderts großer Beliebtheit.

Standesbewusst präsentierte man sich 1912 auch im Café-Restaurant Stadlmayr am Bahnhofplatz dem Fotografen.

Nicht zuletzt durch das Wirken des St. Pöltner Innenarchitekten Hans Ofner, der für das Café-Restaurant Weber an der heutigen Raab-Promenade auch die Werbeeinschaltung gestaltete, hielt der Jugendstil im Gastronomiebereich allerorts Einzug.

Die künstlerische Handschrift Hans Ofners bestimmte – leider zeitlich nur befristet – auch das Aussehen des Hotel-Cafés Böck in der Kremser Gasse.

Zum Sonntagsausflug ging's aufs Land, wie hier 1906 in die Gastwirtschaft Hohentaner im 1922 eingemeindeten Stadtteil Viehofen.

Beliebter Treffpunkt war ebenso das Gasthaus Ferdinand Kuback unter dem Viehofener Schloss, hier auf einem Foto um die Jahrhundertwende.

5
Im Spiegel der Politik

Abwechslungsreich wie in keinem Jahrhundert zuvor gestaltete sich auch die politische Entwicklung des 20. Jahrhunderts, global betrachtet ebenso wie in nationaler oder regionaler Hinsicht, wobei sich – wie auch in St. Pölten – nationale und regionale Trends in der Lokalpolitik widergespiegelt finden. Prägten während der letzten beiden Jahrzehnte der Monarchie Deutschliberale, unter denen als für die Stadtentwicklung entscheidende Persönlichkeit Bürgermeister Wilhelm Voelkl zu nennen ist, die Tagespolitik, so übernahm mit Beginn der Ersten Republik und der Einführung des Verhältniswahlrechts die stimmenstärkste Partei, die Sozialdemokraten, unter Hubert Schnofl die Stadtregierung. Massenarbeitslosigkeit, die Mobilisierung paramilitärischer Verbände, Bürgerkrieg, der in das autoritäre Regime des Ständestaates und schließlich in die Diktatur des Nationalsozialismus mündete, beherrschten das Bild der kommenden Jahrzehnte nicht nur in unserer Stadt, ehe St. Pölten 1950 mit dem Sozialdemokraten Wilhelm Steingötter erstmals wieder einen frei gewählten Bürgermeister stellen konnte.

Von 1870 bis 1919 stellte die Deutschliberale Partei den Bürgermeister. Ihr wichtigster Vertreter war Wilhelm Voelkl (1900-1905), hier auf einer Ansichtskarte anlässlich der Eröffnung des E-Werks 1903, der die Industrialisierung der Stadt einleitete.

Aus den ersten Kommunalwahlen nach dem Verhältniswahlrecht im Juni 1919 ging die Sozialdemokratie unter Hubert Schnofl – hier bei einer Feier im Hammerpark um 1925 –, der insgesamt vier Mal zum Bürgermeister gewählt wurde, als Sieger hervor.

Die 1.-Mai-Feiern dienten der Sozialdemokratie seit jeher zur Demonstration von Stärke und Geschlossenheit, wie diese Veranstaltung der Zwischenkriegszeit am Rathausplatz mit Otto Bauer als Festredner.

Die politische Verhärtung der Zwischenkriegszeit manifestierte sich in den paramilitärischen Verbänden der Heimwehr und des Schutzbundes, die in Aufmärschen – hier die Heimwehr im Jahr 1929 am Rathausplatz – ihre Einigkeit zur Schau stellten.

Neben Heimwehrführer Richard Steidle (links) kam gerade in seiner Heimatstadt auch dem niederösterreichischen Heimwehrführer Julius Raab, dem späteren Bundeskanzler (rechts), eine wichtige Rolle bei der Organisation der Heimwehraufmärsche zu.

Der Schutzbundaufmarsch wurde um 1930 im heutigen Stadtteil Stattersdorf fotografiert.

Symbol für den Ständestaat in St. Pölten war das von Wilhelm Frass für den ermordeten Bundeskanzler Engelbert Dollfuß geschaffene, bis 1938 existierende Denkmal am Domplatz.

Stadtpark, um 1940: Die Machtdemonstration des NS-Regimes machte selbst vor der Gartengestaltung nicht Halt.

Der schulische Morgenappell im neu eingemeindeten Stadtteil Radlberg im Jahre 1939 war ganz im Sinne der neuen Machthaber.

Die Maifeiern der Nachkriegszeit waren durch die sowjetische Besatzungsmacht und den von ihr gestützten kommunistischen Bürgermeister Franz Käfer geprägt.

Von den Inszenierungen der Jahrzehnte zuvor geprägt war man offensichtlich noch bei der Wahlkundgebung Dr. Theodor Körners am Rathausplatz anlässlich der Bundespräsidentenwahl 1950.

6
Zum Schutz von Land und Leut'
Garnison und Feuerwehr

Die Verteidigung der Stadt war ursprünglich Angelegenheit der Bürger und der um 1560 neu organisierten Bürgerwehr, deren Führungspersönlichkeiten aus dem inneren und äußeren Rat gewählt wurden. Die zur Wache eingeteilten Rotten hatten gleichzeitig auch darauf zu achten, dass in der Stadt kein Feuer ausbrach. Nach ihrer Auflassung 1850 wachten Exekutivorgane über die Sicherheit der Stadt. 1867 gründete der vier Jahre zuvor ins Leben gerufene liberale Turnverein eine erste städtische Feuerwehr auf Vereinsbasis, die 1896 selbstständig wurde und 1902 ein neues Feuerwehrhaus an der Rückseite des Rathauses in der Linzer Straße erhielt. Eine lange Tradition in St. Pölten hat auch das Militär, von dem erstmals 1774 eine Kompanie am Rathausplatz stationiert war. Eine bedeutende Kaserne war bis 1918 die Karmeliterkaserne im ehemaligen Karmelitinnenkloster. Von 1853 bis 1918 bestanden darüber hinaus eine Militärunterrealschule sowie von 1874 bis 1918 ein städtisches Einquartierungshaus. Ab 1890 entstanden am Schießstattring drei neue Kasernenbauten, heute zusammengefasst als Hesserkaserne, in der sich seit 1968 das Militärkommando Niederösterreich befindet. Eine weitere Kaserne auf Stadtgebiet, die Kopalkaserne, befindet sich seit 1957 im ehemaligen, 1939 angelegten Lager Spratzern.

Im August 1915 wurde am Rathausplatz für das an den Kriegschauplatz abgehende Landwehrbataillon 21 eine Feldmesse abgehalten.

Die heitere Seite des Militärdienstes strich diese Ansichtskarte aus der Zeit der Jahrhundertwende hervor.

Die 1892 eröffnete Rainerkaserne und die 1890 ihrer Bestimmung übergebene Franz-Joseph-Kaserne mit Teilen der Belegschaft im Jahre 1903.

Das Regiment Freiherr von Hess Nr. 49 hatte seinen Sitz im ehemaligen Karmelitinnenkloster, dem heutigen Stadtmuseum, hier auf einer Ansichtskarte von 1917.

Noch lange bevor St. Pölten 1958 mit Kurashiki in Japan eine erste Städtepartnerschaft einging, besuchte im Jahre 1909 eine japanische Militärmission die St. Pöltner Kasernen.

Die Vereinnahmung Gottes als Verbündeter im Kampf gegen den Feind auf einer Ansichtskarte aus dem Ersten Weltkrieg konnte wohl kaum gelingen, denn der Feind war ebenfalls katholisch.

Viele Zuseher verfolgten die St. Pöltner Angelobungsfeier des 1956 gegründeten Bundesheeres am Rathausplatz im April 1957.

Im Rahmen des 30-jährigen Gründungsfestes im August 1897 am Rathausplatz gab die Freiwillige Feuerwehr St. Pölten Einblick in ihre Arbeit.

Aus heutiger Sicht amüsante Details birgt die Aufnahme der Ausfahrt zur Feuerwehrübung am Rathausplatz aus dem Jahre 1907.

Das 1902 errichtete Feuerwehrdepot befand sich im Südtrakt des Rathauses in der Linzer Straße, die Fotografie entstand um 1930.

Bei der Feuerwehrübung im Jahr 1924 kam die erste Automobilspritze zum Einsatz.

7
Berühmte Gäste

St. Pölten war, so man nicht den Weg an der Donau wählte, schon seit der Römerzeit ein wichtiger Punkt auf der Transitroute von Ost nach West. Persönlichkeiten von Rang und Namen haben den Weg über St. Pölten gewählt, Regenten, Geistliche und Künstler, wie Kaiser Heinrich III., Maria Theresia, Joseph II., Franz I., Papst Pius VI. oder Napoleon, der zweimal in St. Pölten Quartier nahm. Zweimal in unserer Stadt übernachtet hat auch Wolfgang Amadeus Mozart. Und Franz Schubert weilte als Gast von Bischof Dankesreither längere Zeit in St. Pölten. Die Anzahl dieser hochrangigen Gäste ist Legion, ihr Aufenthalt erfolgte oft unbemerkt oder war Anlass großartiger Inszenierungen, wie etwa bei den drei nachgewiesenen Besuchen Kaiser Franz Josephs I., während sein Nachfolger Kaiser Karl St. Pölten nur bei einer Visite des Torpedowerks 1917 streifte. Auch Adolf Hitler, der bei einem Vortrag 1920 in St. Pölten beinahe von den aufgebrachten Massen gelyncht worden wäre, machte 1938 einen Antrittsbesuch in unserer Stadt. Wesentlich erfreulicher waren da schon – zumindest im Nachhinein gesehen – die zahlreichen Visiten von Bundespräsidenten, von Michael Hainisch über Adolf Schärf bis hin zu Franz Jonas, Rudolf Kirchschläger und Thomas Klestil. Als Gast öfter zurückgekehrt ist schließlich auch einer der bedeutendsten Söhne unserer Stadt, Bundeskanzler Julius Raab, ebenso der vormalige St. Pöltner Gymnasiast und spätere Bundeskanzler, Außenminister und Landeshauptmann von Niederösterreich Leopold Figl.

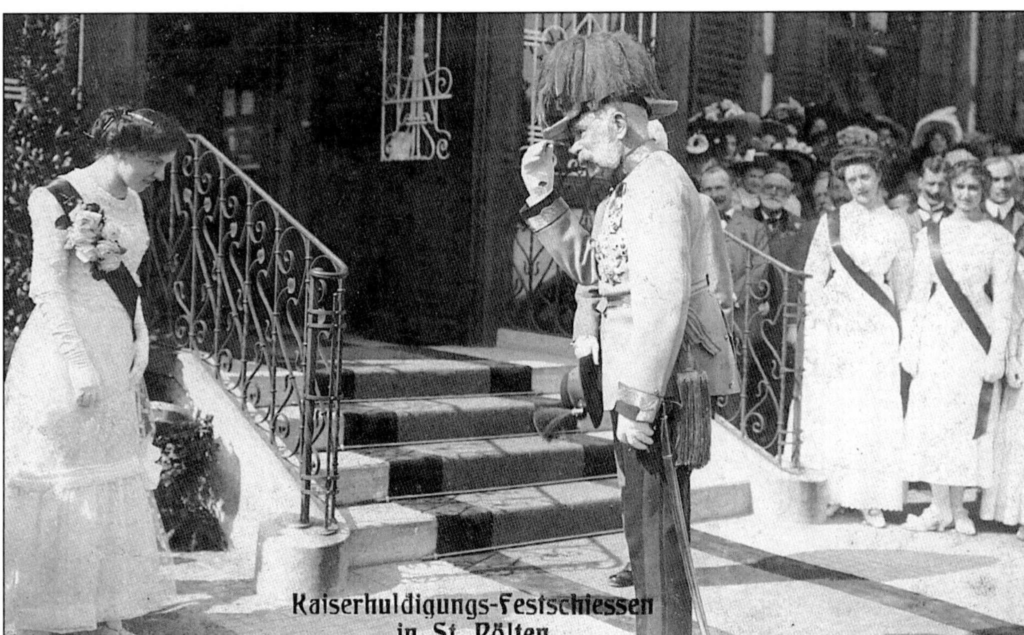

Im Alter von 80 Jahren stattete Kaiser Franz Joseph St. Pölten im Juni 1910 seinen dritten Besuch ab. Die als Ansichtskarte vervielfältigte Aufnahme entstand vor dem Eingang der Schießstätte im Hammerpark.

Nach ihrer Ankunft am Bahnhof bestiegen Kaiser Franz Joseph und Erzherzog Rainer eine Kutsche – Automobile waren dem Kaiser suspekt.

St. Pöltner Honoratioren begrüßten Kaiser Franz Joseph am Rathausplatz.

Anlässlich des Kaiserhuldigungs-Festschießens besichtigte Kaiser Franz Joseph die neu regulierte Traisen.

Am 18. April 1917 besuchte Kaiser Karl die St. Pöltner Torpedofabrik.

Bundespräsident Miklas und Bundeskanzler Dollfuß besuchten die NÖ Landesausstellung 1932 und schritten die Ehrenkompanie des Bundesheeres ab, die vor dem heutigen BORG Aufstellung genommen hatte.

Damals noch einem Kaiserbesuch gleich kam der Besuch des „Führers“ – hier vor dem Hotel Pittner – am 14. März 1938.

Bundespräsident Dr. Theodor Körner eröffnete im Jahr 1954 die neue Traisenbrücke.

Viel Anlass zur Heiterkeit gab die Festbankettrede von Bundespräsident Schärf – flankiert von Bundeskanzler Raab, Landeshauptmann Steinböck und Bürgermeister Steingötter – zur 800-Jahr-Feier der Stadt im Jahre 1959.

Von recht kurzer Dauer war der Aufenthalt von König Gustav VI. Adolf von Schweden am 25. April 1961, der den Bahnhof St. Pölten erst gar nicht verließ.

Anlässlich der Bundespräsidentenwahl im April 1963 nach St. Pölten zurückgekehrt waren der in St. Pölten geborene Bundeskanzler Julius Raab und der ehemalige St. Pöltner Gymnasiast Landeshauptmann Leopold Figl.

8
Mobilität

Mit der Eröffnung der Kaiserin-Elisabeth-Westbahn im Jahre 1858 war auch in St. Pölten ein Tor zur Welt aufgestoßen. In wenigen Stunden konnte man Wien, Linz, aber auch München erreichen, und auch der Güterverkehr war nun nicht mehr auf die elenden Straßen oder den Wasserweg angewiesen. Dennoch dauerte es noch bis 1915, ehe die letzte Postkutsche aus dem Stadtbild verschwand. Ähnliches gilt für Fuhrwerke und Pferdetaxis, die nach und nach vom Automobil abgelöst wurden, auch wenn nicht jeder gleich ein Raketenauto besaß, wie es der St. Pöltner Karl Cerny 1933 konstruierte. Mit der Eröffnung der elektrischen Straßenbahn 1911 erhielt St. Pölten sogar ein gewisses städtisches Flair. Desgleichen machte die Luftfahrt vor St. Pölten nicht Halt. Als großes Medienereignis gefeiert wurden etwa der Aufstieg des Freiballons „Turul" im Jahr 1907 oder die Landung eines Wright-Doppeldeckers 1911 in Völtendorf, wo auch mehrfach nationale Flugtage stattfanden. Ja, selbst Graf Zeppelin flog im Mai 1929 über St. Pölten.

Bis 1915 in Betrieb war die letzte St. Pöltner Postkutsche des k.k. Postmeisters und Bürgermeisters Otto Eybner, Vater von Burgschauspieler Richard Eybner.

Bestimmt für Aufsehen gesorgt hat dieser Hochradfahrer bei der ehemaligen Brückenmaut auf dem Neugebäudeplatz. Das Foto entstand um 1900.

Obwohl Automobile bereits kurz nach 1900 vereinzelt im Stadtbild auftauchten, prägten Fuhrwerke, wie jenes auf einem Bauernhof im Stadtteil Viehofen im Jahre 1913, das Bild der Stadt.

Noch 1927 hatte man Gelegenheit, sich vom Bahnhof mit dem Fiaker abholen zu lassen, ehe diese Domäne vollends auf Taxis überging.

Auf der anderen Seite hatte der ankommende Reisende bereits im Jahre 1911 die Möglichkeit, sein Quartier im Automobil anzusteuern.

Dr. Schuggs erstes Motorfahrzeug, Viehofen 1907.

Aus demselben Jahr stammt auch diese Aufnahme eines der ersten Automobile in St. Pölten.

Bereits 1902 passierte die Fernfahrt des französischen Automobil-Clubs „Paris–Wien–Paris“ den Riemerplatz.

Als besonders passionierter Autofan galt St. Pöltens Jugendstilarchitekt Hans Ofner, hier bei einer Autopanne in Amstetten im Jahre 1910.

Die Busflotte der Kraftwagen-Unternehmung der Stadtgemeinde St. Pölten hatte ihre Remise in der Wiener Straße in Wagram. Das Foto entstand im Jahre 1928.

7 Groschen

Das kleine Volksblatt

Nr. 77 Wien, Samstag, 18. März 1933

Zusammenstöße in Kapfenberg. Versuchte Belagerung des Gendarmerie-Kommandos.

Der Raketenmotor, eine sensationelle österreichische Erfindung.

Leider nicht in die Erfinder-Annalen der Welt eingegangen ist der St. Pöltner Chefmechaniker Karl Cerny mit seinem Raketenwagen, hier am Titelblatt des „Kleinen Volksblatts" vom 18. März 1933.

St. Pöltner Oldtimer bei einer Rallye um 1960.

Heute ein ungewohntes Bild: Autos in der jetzigen Fußgängerzone in der Wiener Straße im Jahre 1963.

Die St. Pöltner Straßenbahn war über Jahrzehnte sehr beliebt, ehe die zunehmende Verlagerung zum Individualverkehr zu ihrer Schließung im Jahre 1976 führte.

Im Mai 1957 wurde der letzte Streckenabschnitt zur bisherigen Endstation Brunngasse aufgelassen, die Straßenbahn fuhr nur noch bis zum Bahnhof.

Als großes Medienereignis wurde der Aufstieg des Freiballons „Turul“ am Trabrennplatz St. Pölten am 16. Juli 1907 gefeiert.

Detail aus dem obigen Bild von 1907. Im Korb stehen der Direktor der Glanzstoff-Fabrik Johannes Urban und Ballonführer Oberleutnant Franz Mansbarth.

Auf seinem Rundflug durch Niederösterreich landete Ing. Joseph Sablatnigg mit einem Wright-Doppeldecker 1911 am großen Exerzierplatz vor dem Völtendorfer Berg.

Passionierter Flieger war auch der Chef der chirurgischen Abteilung des St. Pöltner Krankenhauses Dr. Nather, der 1930 bei einem Flugzeugabsturz den Tod fand.

Bürgermeister Schnofl (Dritter von rechts) und Landesrat Schneidmadl (ganz rechts) waren beim Flugtag in St. Pölten/Völtendorf im Jahre 1928 zugegen.

Im nur einen Kilometer entfernten Spratzern bedurfte es etwa gleichzeitig für so manchen Jungbürger samt Bärenfreund keiner Flügel, um auch mobil zu sein.

Der Flug des Grafen Zeppelin über St. Pölten am 2. Mai 1929 wurde auf einer Ansichtskarte festgehalten.

9
Gesundheitswesen – Soziales – Infrastruktur

Ein erstes Spital befand sich um 1500 am heutigen Europaplatz. 1856 kam es zur Gründung eines städtischen Krankenhauses in der Schmiedgasse, das 1895 an der Stelle des heutigen Zentralklinikums in der Kremser Landstraße neu errichtet wurde. Im alten Spital in der Schmiedgasse wurde vorübergehend das Siechenhaus untergebracht, ehe 1904 an seine Stelle das Altersheim in der Ertlstraße trat. Seit 1889 war St. Pölten auch Sitz einer Bezirkskrankenkasse, 1923 umgewandelt in eine Kreiskrankenkasse und seit 1948 Niederösterreichische Gebietskrankenkasse. Neben einer 1856 gegründeten Bewahranstalt für verwahrloste Knaben kam es im ausgehenden 19. Jahrhundert auch zur Gründung erster, vorerst privater Kindergärten, denen heute ein flächendeckendes System öffentlicher Kindergärten gegenübersteht. Für die prosperierende Entwicklung St. Pöltens nach 1900 galt es eine Fülle infrastruktureller Maßnahmen zu setzen. Hierzu gehören die Errichtung eines ersten Kanalsystems 1901 bis 1903 oder die Errichtung des ersten Elektrizitätswerks 1903. Die Stadt führte ab 1917 ein Gaswerk und besaß zu Beginn der Ersten Republik auch einen Kraftwagenfuhrpark. Auf das Jahr 1927 geht der Bau einer Wasserleitung zurück. Viele der Errungenschaften der Ersten Republik, auch jene im Verkehrsbereich, wurden im Zweiten Weltkrieg zerstört und mussten danach neu geschaffen werden.

Das 1895 neu erbaute, von Kaiser Franz Joseph eröffnete städtische Krankenhaus in der Kremser Landstraße vor dem ersten Ausbau im Jahre 1908.

Damals neueste ärztliche Apparaturen, wie auf diesem Bild der Zwischenkriegszeit aus dem städtischen Krankenhaus, würden unser Vertrauen in die Medizin vermutlich erschüttern.

Die St. Pöltner Krankenhausküche in der Zwischenkriegszeit hat mit jener von heute nichts mehr gemeinsam.

Mitarbeiter des St. Pöltner Roten Kreuzes mit neuem Einsatzfahrzeug nach 1945.

Bundespräsident Dr. Michael Hainisch besuchte im Oktober 1927 die Kreiskrankenkasse St. Pölten.

Der „Wehrmann in Eisen“, eine Kreation zur Unterstützung des Witwen- und Waisenfonds, stand am St. Pöltner Bahnhofplatz. Geldspender schlugen einen Nagel in die Holzfigur. Die Aufnahme stammt von 1915.

Detail aus dem Bild oben.

In schlechten Zeiten erfährt das Glücksspiel vermehrten Zulauf: Tombola der Kriegswohlfahrt am 15. August 1915 am Domplatz.

Die Kinder, die hier für den Fotografen posierten, besuchten in der Zwischenkriegszeit den Kindergarten in Spratzern.

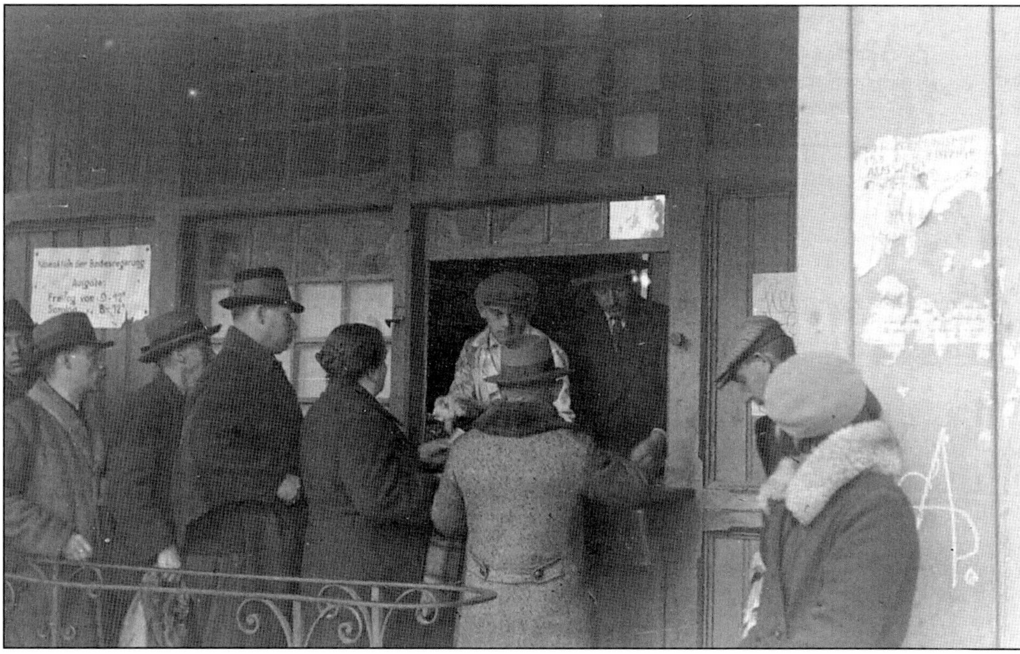

Arbeitslose im Jahre 1930: Die Lebensmittelausgabe stellte die Mindestversorgung für viele Bewohner sicher.

Die Holzaktion des Winterhilfswerks im Fabrikshof des ehemaligen Gasser-Werks im Jahre 1930 linderte die Not in wirtschaftlich schlechter Zeit.

Der Bau der Kläranlage in der Traisenau wurde im Juli 1903 durch eine große Hochwasserkatastrophe beeinträchtigt.

Der Neubau der Polizeidirektion nahe dem heutigen Europaplatz entstand ab 1936. Im Hintergrund sieht man die wenig später abgetragene Barbarakapelle.

Die alte, von Joseph Munggenast 1731 errichtete erste Traisenbrücke beim heutigen Regierungsviertel bestand bis 1906. Die Aufnahme datiert von 1896.

Über die neue Traisenbrücke aus dem Jahre 1907, hier auf einer Fotografie von 1912, fuhr ab 1911 die Straßenbahn nach Harland.

Bis 1953 bestand die Traisenbrücke im hier auf einer Fotografie aus der Zwischenkriegszeit festgehaltenen Aussehen.

Zur Eröffnung der neuen St. Pöltner Traisenbrücke im Jahre 1953 fanden sich zahlreiche Festgäste ein.

Das Bild vom Aufbruch zu einem familiären Sonntagsausflug zeigt auch das Aussehen des St. Pöltner Bahnhofs um 1900.

Der Arkadenbahnhof der niederösterreichisch-steirischen Alpenbahn (Mariazellerbahn) in der Khittelstraße, aufgenommen um 1910, wurde 1945 zerstört.

Der Bau der Wassertürme an der alten Pumpstation in der Goldegger Straße im Jahre 1912 sicherte die Versorgung der Dampflokomotiven.

Auch auf Notgeld der Zwischenkriegszeit wurden die Wassertürme in der Goldegger Straße abgebildet.

Der Busbahnhof am Bahnhofplatz sah abgesehen von den Fahrzeugen um 1960 kaum anders aus als heute.

Die erste Amateursendeantenne Österreichs wurde entwickelt vom St. Pöltner Dr. Karl Unger, Spratzerner Kirchenweg 41, der ab 1907 „on the air" war.

10
Freizeit und Sport

Gemessen am heutigen Freizeitangebot gab es um die Wende zum 20. Jahrhundert nur eine bescheidene Auswahl an Möglichkeiten, wie man einen arbeitsfreien Tag verbringen konnte. Großer Beliebtheit erfreute sich das sonntägliche Flanieren entlang der Promenaden oder im Stadtpark. Als Naherholungsgebiet vielleicht noch wichtiger als heute war die Traisen mit ihren noch unregulierten Auen. Eine wichtige Funktion nahm sie vor allem als Badeort für den kleinen Mann ein. Daneben bestand seit 1892 das aus der Schwimmschule der Militärunterrealschule hervorgegangene ehemalige Kaltbad in der Handel-Mazzetti-Straße, das heutige Sommerbad, bis 1919 streng nach Geschlechtern getrennt, das 1927 durchgreifend adaptiert wurde. Darüber hinaus existierte seit 1886 ein an der Stelle des heutigen Hallenbades errichtetes Warmbad, das jedoch eher eine hygienisch-gesundheitliche Funktion hatte. Einen wichtigen Freizeit- wie auch Bildungsfaktor nahm das 1820 gegründete und 1893 neu eröffnete Stadttheater ein, das ab 1912 mit dem Kino, das gleich an mehreren Standorten Einzug in unserer Stadt hielt, massive Konkurrenz erhielt. Bis heute nichts an Bedeutung verloren haben auch die Volksfeste, die anfangs am Stadlmayrplatz hinter dem Bahnhof abgehalten wurden. Große Bedeutung für den Freizeitbereich kam dem zu einem weitaus größeren Teil als heute vereinsmäßig organisierten Sport zu. Heute aus dem Freizeitbereich der Stadt verschwunden ist leider der Trabrennsport, der mit dem Trabrennplatz an der Stelle des heutigen Regierungsviertels ein wichtiges Standbein in Niederösterreich besaß.

Der Sonntagskorso beim Stadtpark, aufgenommen im Jahre 1904, war gesellschaftlicher Fixpunkt in gehobenen Kreisen.

Etwas schwierig gestaltete sich für die Damen der Gesellschaft der Jahrhundertwende der Sonntagsausflug in die Traisenauen.

So mancher St. Pöltner, wie auch das um 1900 abgebildete „Triumvirat“, schätzte das Flanieren im vorbildlich gepflegten Stadtpark.

Der Schulausflug des Jahres 1914 führte die Stattersdorfer Volksschule auf den Viehofner Kogel.

Schloss Ochsenburg, hier im Jahre 1906, dient seit dem späten 18. Jahrhundert St. Pöltens Bischöfen als Sommersitz.

Für Jung und Alt gleichermaßen ein Erlebnis war das Baden in der Traisen, wie hier an der St. Pöltner Traisenbrücke im Jahre 1927.

Nahezu dieselbe Stelle hatte wenige Jahrzehnte zuvor, wie hier 1903, als noch die alte Holzbrücke stand, als Pferdeschwemme gedient.

Das städtische Kaltbad (heute Sommerbad) im Jahre 1912. Die während der Monarchie strikt verordnete Trennung in ein Frauen- und ein Männerbad wurde 1919 aufgehoben.

Der Umbau im Jahre 1928 trug dem steigenden Zuspruch des Kaltbads Rechnung.

Das erste St. Pöltner Kinotheater „The Wonder Bioskop“ in einem Zelt am Stadlmayrplatz, aufgenommen im Jahre 1903, befand sich hinter dem Bahnhof.

Das alte Pittner-Kino entstand durch den Umbau des Kaisersaals des Hotels Pittner. Das Foto stammt von 1914.

So mancher St. Pöltner, wie hier im Jahre 1911, vergnügte sich bei den traditionellen Volksfesten am Stadlmayrplatz.

Während der NÖ Landesausstellung 1950 sorgte ein Vergnügungspark im Hammerpark, dessen besondere Attraktion eine Liliputbahn war, für Kurzweil und Vergnügen der Kinder.

Die Darbietung des Arbeiter-Turn- und Sportvereins St. Pölten am Rathausplatz um 1925 lockte zahlreiches Publikum an.

Nach den Männern konnten auch die weiblichen Mitglieder des Sportvereins ihr Können demonstrieren.

Die Mehrzahl großer Sportveranstaltungen, wie diese auf einer Aufnahme der Zwischenkriegszeit, fanden im St. Pöltner Stadion (heute Teil des Regierungsviertels) statt.

Der St. Pöltner Waldlauf 1932 wurde in der Khittelstraße gestartet.

Die Wettbewerbe am St. Pöltner Trabrennplatz (später Stadion) – hier eine Veranstaltung im Spätherbst 1902 – fanden breite Anhängerschaft in der Bevölkerung.

Ein begeisterter Anhänger des Pferdesports war Hotelier Franz Pittner (mit schwarzem Zylinder), der um 1900 gemeinsam mit Gleichgesinnten am Trabrennplatz für ein Foto posierte.

Offenbar vom Fotografen abgelenkt waren einige der Kinder bei dieser Spielaktion der „Kinderfreunde" am Spielplatz in Radlberg im Jahre 1929.

Wohl nur ungern unterbrach dieses „Dreimäderlhaus" seine Rodelpartie am Viehofner Schlossberg, um Anfang der 30er-Jahre für diese Winteraufnahme Modell zu stehen.

Gerne präsentierten sich die festlich gekleideten Proponenten des Arbeiterradfahrvereins Viehofen in den 20er-Jahren dem Fotografen.

11
Kultur und Bildung

Zu Beginn des letzten Drittels des 19. Jahrhunderts erlebte St. Pölten mit dem 1859 von Ludwig Stöhr neu belebten Musikverein einen Höhepunkt im Bereich der Musikpflege. Von 1886 bis 1890 beherbergte die Stadt in der Militärunterrealschule den Schüler Rainer Maria Rilke, der die damals hier wirkenden Literaten wie den heute vergessenen Romanschriftsteller Emil Vacano oder den Dramatiker Franz Keim, dessen Dramen immerhin auch am Burgtheater aufgeführt worden waren, nur wenig später literarisch um Meilen überragen sollte. Zwei weitere Literatinnen von Format, Enrica von Handel-Mazzetti und die Autorin der österreichischen Bundeshymne Paula von Preradovic, besuchten das Institut der Englischen Fräulein. Die bildende Kunst konnte mit dem damaligen Zeichenlehrer Theodor Hörmann einen der bedeutendsten österreichischen Maler der zweiten Hälfte des 19. Jahrhunderts und später mit den in St. Pölten lebenden Gründungsmitgliedern der Wiener Secession Ferdinand Andri und Ernst Stöhr zwei herausragende Persönlichkeiten des Jugendstils in Österreich vorzeigen. Im Bereich der Architektur ist vor allem auf Rudolf Frass und später auf Rudolf Wondracek zu verweisen. Unter den Errungenschaften auf dem Schulsektor sind vor allem die Neubauten der Volks- und Hauptschule auf dem Schillerplatz, des Schillergymnasiums und des Landeslehrerseminars zu Beginn des letzten Drittels des 19. Jahrhunderts sowie nach 1900 die Neubauten der Daniel-Gran-Volksschule und der Grillparzerschule zu nennen.

Im Lehrkörper des NÖ Landes-Real- und Obergymnasiums waren im Jahre 1893 der Dichter Franz Keim (sitzend Dritter von rechts) sowie der bedeutende Lokalhistoriker Prof. Schwerdfeger (stehend Zweiter von rechts).

Die Enthüllung des Schiller-Denkmals am Schillerplatz durch den St. Pöltner Männergesangsverein und den Turnverein 1863 fand im September 1905 statt. Die Festansprache hielt der spätere Bürgermeister Dr. Karl Heitzler.

Einen willkommenen Ausgleich fanden die Arbeiter der Spitzenfabrik Viehofen, die um 1920 für dieses Foto posierten, beim gemeinsamen Musizieren in der Werkskapelle.

Abwechslung in den Alltag der Inhaftierten brachte die Kapelle des Kriegsgefangenenlagers Spratzern, hier auf einem Foto von 1917.

Volkmar Andrae dirigiert das NÖ Tonkünstlerorchester im Jahre 1959. Die Beliebtheit der Konzertreihe in den Stadtsälen lässt sich an der Besucherzahl ermessen.

Das Szenenbild „Im Prater“ stammt aus einer Laientheateraufführung im Juni 1896 zu Gunsten des vom Lehrerverein „Fortschritt“ errichteten Schülerheimes.

Das 1821 gegründete Stadttheater am Rathausplatz präsentierte sich nach dem Umbau in den Jahren 1892 bis 1893 in neuem Glanz.

Ernst Hogl und Heinrich Obermayer in den Kostümen der Stattersdorfer Laientheateraufführung „Der Dorfbader“ im Juli 1923.

Wohl etwas Auflockerung in den schulischen Alltag der Zwischenkriegszeit dürfte dieser vorübergehende Einzug des Biedermeier gebracht haben.

Das Stadtmuseum, 1911 im ehemaligen Schülerheim in der Linzer Straße neu eröffnet, hier in einer Ansicht von 1922, wurde erst 1976 an den Standort Karmeliterhof verlegt.

Heute hoch geschätzt sind die Entwürfe des St. Pöltner Jugendstilkünstlers Ernst Stöhr, wie dieser Entwurf für das „Ver Sacrum"-Heft 1899.

Nachdenklich gab sich der St. Pöltner Jugendstilkünstler Ferdinand Andri auf diesem 1908 in seinem Atelier aufgenommenen Foto.

Entwürfe Ferdinand Andris, wie hier für eine Ansicht der Kremser Gasse, zierten so manche Postkarte der Jahrhundertwende.

Im 1876 errichteten Landeslehrerseminar (heute BORG) maturierte 1889 der legendäre Wiener Bürgermeister Karl Seitz. Das Bild entstand um die Jahrhundertwende.

Das 1863 erbaute ehemalige Landes-Real- und Obergymnasium am Schillerplatz, hier im Jahre 1905, zählte den späteren Bundeskanzler Leopold Figl zu seinen Schülern.

Die 1854 erbaute ehemalige Militärunterrealschule am Schießstattring – hier in einer Ansicht um 1900 – besuchte unter anderem Rainer Maria Rilke.

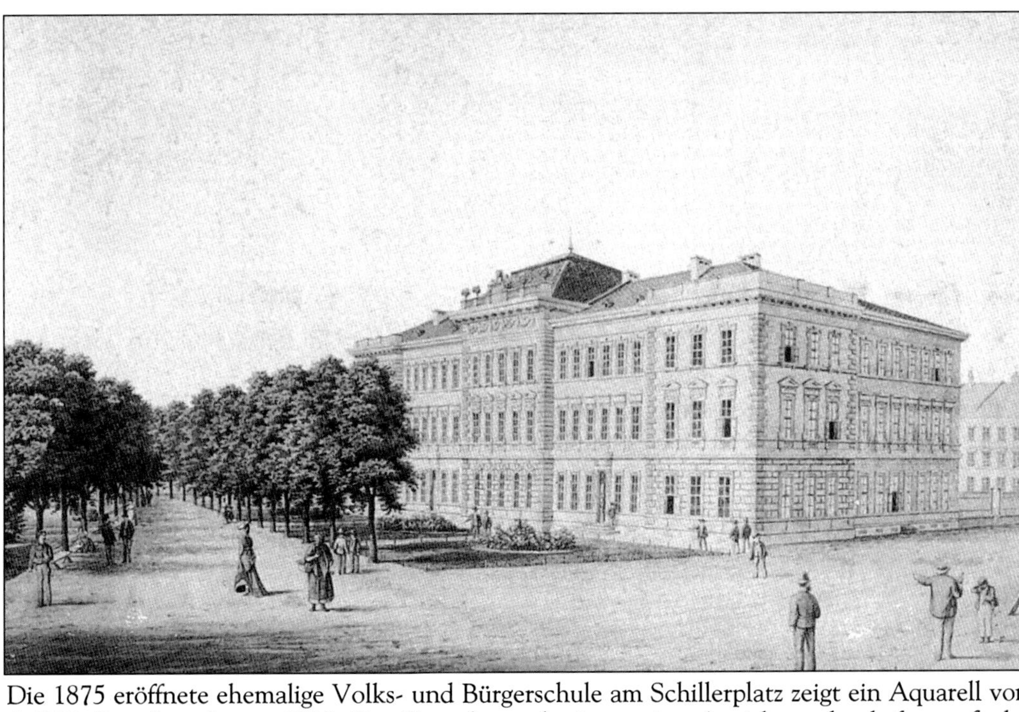

Die 1875 eröffnete ehemalige Volks- und Bürgerschule am Schillerplatz zeigt ein Aquarell von A.K.V. Stowikowski um 1880. Der Künstler verbreitete seine Ansichten durch fotografische Reproduktion.

Bestens gerüstet für den Unterricht präsentierte sich die Schulküche in der Daniel-Gran-Schule 1927 dem Fotografen.

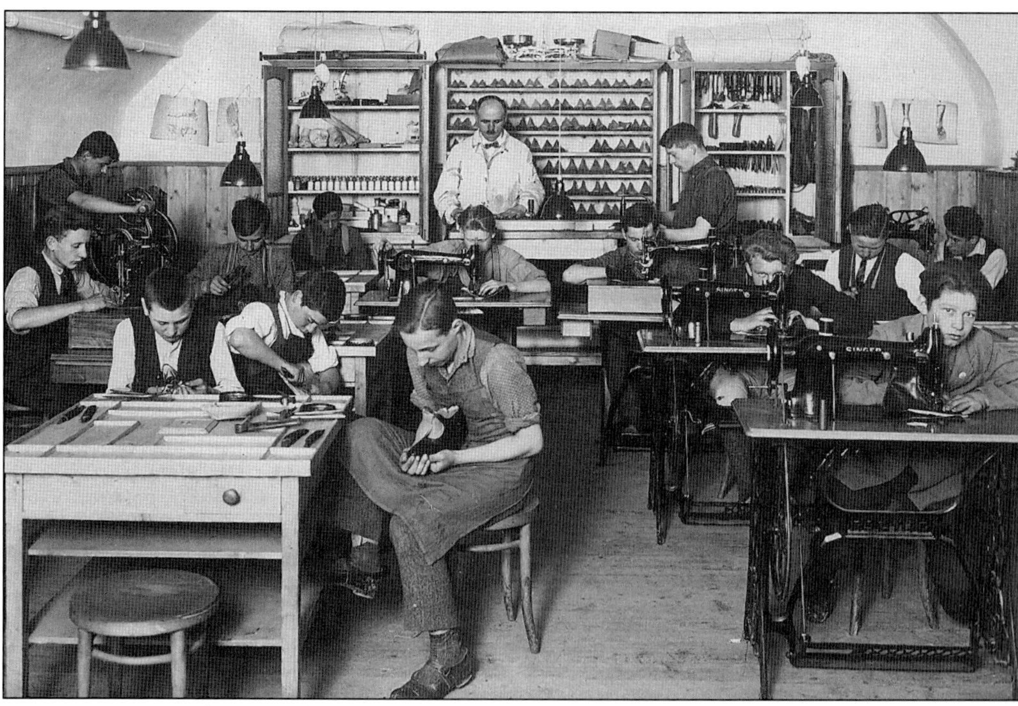

Erinnerungen an die gute alte Zeit des Handwerks lässt dieser Einblick in die Schuhmacherwerkstatt der ehemaligen Gewerbeschule aus dem Jahre 1927 aufkommen.

Bundespräsident Dr. Theodor Körner, hier im Bild mit Bürgermeister Steingötter, eröffnete im Jahr 1955 die nach ihm benannte neue Hauptschule.

Der 1923 in Angriff genommene Bau der Volkschule im kurz zuvor eingemeindeten Ortsteil St. Pölten-Spratzern wurde 1925 vollendet.